맺고 풀고 하니 사랑이더라

신 준 식 시집

도서출판 천우

신 준 식 시인 · 수필가

박지성, 김연아, 최경주, 신지애, 최나연 등 국가대표 운동선수들을 치료했던 대한민국 대표 한방 명의이자 자생의료재단 자생한방병원 이사장. 6년간 척추질환으로 고생하다 1980년에 돌아가신 선친의 유지를 받들어 척추질환을 정복하고자 한의사로서의 외길을 걸어왔다. 25년간 척추 질환에 대한 풍부한 진료 경험과 연구 성과를 바탕으로 수술 없이 디스크를 치료하는 한방 치료인 '추나요법'을 개발했고, 척추신경추나의학회를 설립해 한의학 발전에 지대한 공로를 세웠다. '추나요법'은 전국 11개 한의과대학에서 교육되고 있고, 미국 어바인의과대학에서 선택 과목으로 채택되어 교육되기도 했다. 신준식 박사는 KBS, MBC, SBS의 아침 방송에서 건강 코너를 수년간 고정 출연하며 국민들로부터 많은 사랑을 받았다. 이러한 공로로 2000년 보건의 날 대통령 국민포장, 2006년 국민훈장 동백장, 2013년 대한민국 보건산업대상을 수상한 바 있다.

미국 하버드 의대, 러시대학 메디컬센터, 미시건주립대학교 오스테오페틱 의과대학, 시더사이나이 병원, 러시아 국립의과대학교 등 해외 굴지의 대형 종합병원 및 의과대학에서 초청을 받아 강의했다. 또한 WHO(세계보건기구)가 주최하는 전통의학총회에 한국대표 연자로 초청받아 강의하기도 했고, 미국 오스테오페틱의학협회가 주관하고, 3만여 명의 의사를 대상으로 하는 컨퍼런스에서 강의하는 등 한의학의 위상을 높이는 데 기여하고 있다.

신준식 박사는 전국 17개 자생의료재단 자생한방병의원의 의료진 및 임직원들과 고통받는 환자들에게 수시로 시를 통하여 철학과 사명을 전달하고 소통하는 의료인이자 문학인이다.

맺고 풀고 하니 사랑이더라

항상 밝게 웃으며 세상을 아름답게 노래하는 사람일지라도 그 모습의 이면에는 숱한 애환과 아픔, 번민들이 숨겨져 있다.

한때는 세상에 맞서 보기도 하고 더러는 운명을 받아들여 순응하기도 한다. 원망과 미움으로 많은 시간을 가슴 아프게 보내기도 하고, 잊지 못할 인연들에 그리움으로 밤새워 젊음을 불사르기도 한다. 그러나, 지나고 보면 아퍼함도 그리워함도 원망스러워함도 모두 소중한 자신만의 추억이다.

세월이 지나니 원망도 미움도 사그라들고, 모두 사랑으로 변하더라. 스쳐 지나간 추억들이 나의 소중한 삶이었으며, 함부로 지울 수 없는 내 몸의 일부였다. 그때그때 토해내었던 마음 속 편린들을 모아보니 '이 안의 모습이 나의 삶이었구나' 하는 생각이 든다.

'맺고 풀고 하니 사랑이더라' 라는 진실을 깨달으며 나의 소중했던 분들께 이 시집을 바친다.

2015년 3월

신문석

목차

01 따뜻한 손길

02 49:51 법칙

03 시와 흥

01

따뜻한 손길

따뜻한 것은 좋다. 인간은 태어날 때부터 따뜻한 손길에 길들여져 있기에 평생 따뜻하고 부드러운 손길만 찾는다. 그러나 따뜻하고 부드러운 것은 손길만이 아니다. 굳이 대화가 없어도 이심전심 전해주는 부드러운 눈길, 어렵고 힘든 일을 소리 없이 도와주는 인정, 배려와 관대함을 표현하려는 의지가 화려한 말보다 진정 소중한 것이다.

날씨가 몹시 차가워졌다. 사람들의 마음이 많이 닫힌 듯하다. 추워서 닫힌 것도 있지만 서로에게 상처를 받고 아픔이 있어 닫히기도 한다. 올 한 해는 서먹했던 지인들에게 뜨거운 군고구마 한 개 나누어 먹으며 구수한 덕담 한마디로 서로의 닫힌 마음을 열고 활짝 웃을 수 있는 한 해가 되기를 바란다.

놓친 고기

주는 게 있어야 받는 것이 있지요
주는 것 없이 받으려고만 할 때
잘 놓치지요

주기 싫은 것을 주려 할 때
받기 싫은 것을 받으려 할 때
꼭 놓치게 돼요

지나간 뒤
후회하며
놓친 고기가 크다 합니다

사랑은 꼭 잡는 거야

바람결에 스쳐간 인연 있어
소중한 추억으로 간주했지
잠시 왔다 훌쩍 떠난 인연
꿈이었다 생각했지

어느 날
내 곁을 스치고 간 사람
돌아보니 저만치 가네
달려갈까 망설이다
그만 사라졌네

사랑은 순간이야
망설임이 없어야 돼
그런 인연 다시 온다면
절대 놓지 않을 거야
사랑은 꼭 잡는 거야

엿장수

쨍그랑 쨍쨍
엿장수 지나간다

떨어진 고무신이나 머리카락 사요
사이다 콜라 맥주 빈 병도 가지고 와요
떨어진 과부 속옷도 좋구요

엿장수 너스레 떠는 소리
동네 아이들 모인다

엿 주세요
헌 고무신 한 짝 들고 온 아이

한 짝은 안 돼
양짝 모두 있어야 돼

아저씨 걔는 왜 많이 주고
나는 조금 줘유

야 인마
엿장수 맘이야
옛다 더 먹어라

쨍그랑 쨍쨍
엿장수 가위 치는 소리

떨어진 과부 속옷이나 고쟁이도 좋구요
빈 병 머리카락 찢어진 고무신 사요

엿장수 마을 지나면
과부댁 속 터진다

어쩌려 하시나이까

어쩌려 하시나이까
가던 걸음 멈추게 하시면
풀어 젖힌 적삼
단정하게 고쳐 매었는데

그대 힘센 두 팔로
나를 감싸 안으시니
가던 걸음 멈추고
온몸 굳어 벗어날 수 없어요

어쩌려 하시나이까
중천 해 오르기 전에
김매러 가야 돼요
꼴도 베고 소죽도 쑤어야 하는데

아 낭군님
이제 그만
몰라요 난 몰라

입술에 봉숭아꽃 피었어요
하늘 위엔 뭉게구름
아아
밭에 가야 하는데

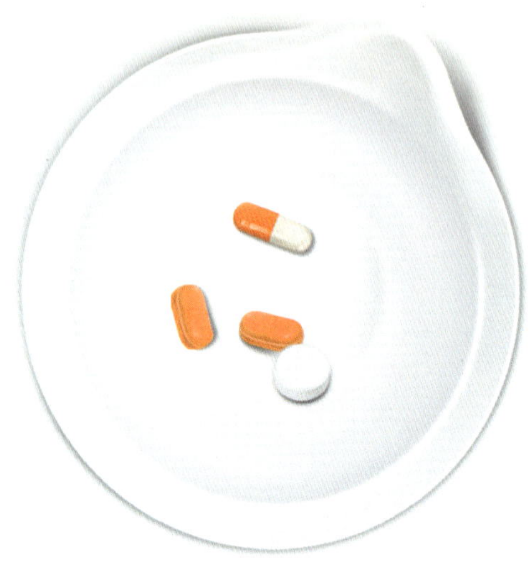

그릇

밥그릇 챙기려 열심히 뛰었지
먹고 살기 위해
그렇게 버둥대다 나이 드니
차 한잔 하고 싶었어
그래서 찻그릇을 챙겼지
차 한잔 채 마시기도 전에
약그릇을 찾게 됐어
오래오래 챙긴 밥그릇처럼
약그릇도 그리 챙겨야 하네

02

49:51 법칙

아주 오래전 일이다. 신혼 생활을 하던 나는 병석에 계신 아버지께 무협 소설을 읽어드리는 아르바이트 학생을 두고 있었다. 그 학생이 무척 고마워 먹는 것이나 입는 것이나 무엇이든지 나보다 더 잘해주라고 아내에게 부탁을 했다. 학생이 감동을 받으면 진심에서 우러나는 마음으로 아버지한테 잘할 것이기 때문이었다. 아내는 그대로 따라 주었고 나는 지금까지도 감사하게 생각한다.

이때 내가 한평생 살아오면서 소중하게 여기는 49:51 법칙을 만들었다. 예를 들면, 친구하고 둘이서 각각 50만 원씩 투자하여 동업을 한다고 하자. 만일 이익이 100만 원이 발생하면 서로 얼마씩 나누어 갖는 게 옳겠는가. 모든 사람들이 다 한결같이 말한다. 둘이 똑같이 50만 원씩 나눠 갖는 것이 맞다고.

그러나 나는, 내가 49만 원을 갖고 친구에게 51만 원을 주어왔다. 내가 당연하게 받을 대가인 50만 원에서 만 원을 덜 받았지만, 친구는 나보다 2만 원을 더 받았다고 생각해서 평생을 나한테 2배로 더 감사하게 생각한다. 만일 내가 어려운 일이 생겨 친구를 찾아간다면 친구는 나에게 두 배 이상으로 도움을 주려 할 것이다.

나는 지금껏 49:51 법칙대로 살아왔다. 내 모든 것을 비우고 내려놓으면 더 귀한 것이 채워지곤 했다. 남에게 도움을 받으려면 먼저 도움을 주어야 한다. 사람과 사람이 만나서 서로 도움을 주고받을 수 있는 사회에서 좋은 인연을 맺어 성공하길 바란다면 49:51법칙이 지름길일 것이다.

비우니 채울 수 있구려

버리고 비우니 이리 시원한 것을
버리지 못함은
욕심인가 미련인가
비우지 못함은
집착인가 아쉬움인가
버리고 또 버리니 아쉬울 것 없네
비우고 또 비우니 바랄 것도 없네
버릴 것 버리는 것은 당연지사
버리지 못할 것을 버리는 것은 진정한 용기
얽히고설킨 응어리 고름 짜듯 터트리니
아픔도 잠시
새살이 나네
비우니 채울 수 있구나!

진리

자연이 내게 준 것 하나 있지
뿌린 대로 거둔다는 진리
삶이란 자연과 함께 사는 것이지만
진리대로 살 수만은 없는 게 삶이지
뿌린 대로 뿌려지지 않고
거둔 대로 거두어지지 않는
삶은 내 마음대로 되지 않는 변수
자연이 내게 가르쳐준
또 다른 진리

당신은 나의 길라잡이

손을 내밀어 내 손을 잡아봐요
한 계단 높게 발을 디뎌보세요
힘차게 올라가는 거예요

예전엔 나도 그 자리에 있었지요
한 계단씩 오를 때마다 힘겨웠지만
아무도 내 손을 잡아 주는 사람 없었어요

혼자 산악인 되어
많은 사람들의 손을 잡아주었지요
그냥 산이 좋아 한평생 산에서 살고 있어요

사람들은 기분 전환하러
산에 오르기도 하고
더 넓은 세상 보기 위해 산에 오르지요

이제는 진정 나를 위한 등산을 하고 싶어요
아름다운 사람과 함께 사랑하면서
생을 여행하는 그런 등산을 하고 싶어요

당신은 나의 길라잡이
오랜 시간 당신을 기다렸어요
내가 힘들 땐 내 손을 잡아주세요
잡은 손 놓지 않고 오래오래
우리 그렇게 사는 거예요

자연의 법칙

요행과 다행 속에 널뛰며 살았지
'설마' 라는 놈한테 혼쭐 나서
당연한 것만 찾기로 했지

뿌린 대로 거두는 농사의 법칙
콩 심은 데 콩 나고 팥 심은 데 팥 나면
행운인 것을

만들지도 거두지도 않고
저절로 모이기를 바라는 욕심
투기꾼의 마음이지

다시 시작하는 거야
요행도 다행도 아닌
뿌린 대로 거두는 자연의 법칙으로

채송화

소나기 맞으며 크는 채송화
찬바람 거센 비 모질어도
언제 그랬냐는 듯
햇살 같은 밝은 미소
채송화는 새벽이슬을 먹고
달빛사랑으로 자라나 보다
참고 삭이는 인내
모두 떠나도 곁에 남아
가슴에 사랑을 담고
님을 지키는 살신성인

03

시와 흥

기분이 좋으면 어깨가 들썩, 흥이 나니 콧노래가 나오고 춤사위가 이어진다. 이어지는 노래는 듣는 사람도 흥겹다. 즐거움이 전이가 되는 것이다. 말을 안 해도 주위 사람들은 공감대가 형성되고 함께 노래 부르며 즐거워한다.

세상이 아름답고 행복하게 느껴질 때, 삶이 고단하고 힘겨울 때, 사람들은 입에서 절로 탄식이 나온다. 애환과 그리움 · 번민 · 고뇌를 토해내며 자신을 위로하고 스스로에게 용기와 힘을 주고 싶은 마음, 이런 마음을 독백으로 읊조리다 글로 옮기니 모두가 공감한다.

'바로 이게 시로구나. 시란 것은 어려운 게 아니야. 내 마음의 느낌을 말하고 싶은 대로 말하는 거야. 그리 말하고 표현하니 모든 사람이 공감하네. 그래서 시로구나.'

이제 추위가 가시고 봄이 왔다. 만물이 소생하는 계절, 많은 사람들이 봄을 기다렸다. 다시 시작하는 마음으로 새해의 희망을 갖겠다는 뜻이다. 추웠던 계절만큼 얼었던 몸과 마음이 녹아내리고 목련이 피고 계곡의 개울물이 얼음을 깨며 흘러내릴 때, 멋진 시 한 편에 그림 같은 꿈을 실어 이 봄을 노래하고 싶다.

젖은 손

젖은 손 말리려
햇볕에 두 손을 올려놓았다

반짝이는 손
골 깊은 주름
툭툭 불거진 손마디에
파노라마 되어 세상이 스친다

눈시울이 뜨거워진다
참 험하게도 썼다

주름 한 개에 사연 하나
불거진 마디마디 삶의 흔적
일그러진 나의 초상

영광과 보람으로 얼룩진
자랑스런 우리들의 자화상

약손

배가 아플 땐
어머니 손이 약손
쓱쓱 내려가라
우리 애기 배는 똥배요
엄마 손은 약손

그래도 배가 아파 보채면
엄마는 빨간 약을 발라 주셨지

딸아이가 아파하기에
쓱쓱 내려가라
우리 애기 배는 똥배요
엄마 손은 약손

딸아이가 말한다
내 배가 왜 똥배야

빨간 약을 발라주었다
배 아픈데 왜 빨간 약이야
엄마는 알지도 못하면서 아무거나 다 약이래

신경을 썼더니 내 배가 아프다
엄마 손이 그립다

당신이 보여요

당신의 눈이 촉촉해요
사랑으로 가득 찬 눈
언제부터인지
조금씩 당신을 알게 되었어요
예전에는 몰랐거든요

당신은 보이지 않는 사랑과
소리 없는 헌신을 주었지요
그땐 정말 몰랐어요
다른 데 정신이 팔렸거든요

정신 차리고 보니
다 소용 없었어요
촉촉한 당신의 눈만이
애처롭게 나를 바라보고 있었지요

무언의 눈빛으로 이야기하곤 했지요
콩깍지 좀 벗으라고
그래서 벗었지요
그러니 당신이 보이네요

아낌없이 주는 사랑

소중한 사람이 있어 소중함을 함께 나누었지요
사랑을 주고받으며 이야기해요
내가 주는 사랑이 더 크다고
아낌없이 주는 사랑이라고

그러나,
마음속으론 준 만큼 더 받으려 해요
기대만큼 받지 못할 땐 원망하지요

조건 없는 사랑
물 흐르듯
높은 곳에서 낮은 곳으로 흐르는 사랑
그것이 진정한 사랑입니다

그것이 무엇인지

왜 그러셨나요
라고 묻기에
무슨 말인가
되물었다
아니 그거 왜 그러셨냐구요
그게 무엇인가 생각하느라
수십 년을 보냈다

나이가 드니 이제 다시 묻는 말
왜 안 그러셨어요
또다시 수십 년 생각하게 된다

04

아프리카의 애환

아들아 미안하다.

네 얼굴이 검어 미안쿠나. 내가 태어났을 때 너의 할아버지도 나를 물끄러미 바라보며 이런 말을 하셨단다. '아프리카엔 주인이 없다' 라고…….

전에는 검은 얼굴의 우리 조상들이 주인이었는데, 언제부터인지 백인들이 세상을 소유하고 우리들을 소유해버렸다. 그래서 우리들은 백인들의 노예가 되어 밭에 나가 일하고 땅을 파고 집안일을 하며 갖은 힘든 일을 하였지만 그 소득을 가질 수 없었다. 백인들이 던져주는 빵 조각에 연명하며 그들이 먹다 버린 스프에 목을 적셔야 하는 운명의 삶을 살았다. 가난함은 대물림으로 이어지고 노동은 그들만을 위한 수고였다.

아들아, 미안하다.

너를 안고 입맞춤하며 너의 미래를 축복하기 위한 세례의 물을 네 머리 위에 붓고 있지만, 나는 알고 있단다. 너의 미래가 결코 평탄치 않다는 것을……. 고통과 힘겨운 싸움이 기다리고 있다는 것을…….

아들아, 그래도 우리는 결코 실망해서는 안 된다. 좌절해서도 안 돼.

언젠가 이 땅은 우리들의 땅이 될 것이고, 조상들이 물려준 대지 위에 우리들의 후손을 위한 땀방울을 흘리며 즐겁게 살아갈 날들이 있을 거야. 네가 자라서 장성하여 또 너의 아들을 낳을 때 지금의 이 아비처럼 너의 자식의 얼굴을 보며 미안해 하는 일이 생겨도, 좌절해서는 안 된다.

너의 아들에게 희망을 주거라.

네 아들의 아들이 태어날 때, 이 땅의 주인은 우리들의 세상으로 변해 있을지도 모른다. 그런 꿈을 갖고 희망찬 눈빛으로 나는 지금의 너를 바라본다. 너와 나의 눈빛 속에 녹아 있는 혼과 넋을 기리며……. 조상들이 물려주신 우리 삶의 터전인 이 땅을 사랑하자꾸나.

아프리카를 사랑하자!

2014년 3월 아프리카의 초원을 달리며…….

아프리카의 초원

광활한 대지의 초원엔
질서가 있고 지성이 있다
전쟁도 있고 평화도 있다
두려움은 생존을 위한 본능
쫓기는 자와 쫓는 자의
사력을 다하는 질주
땅을 울리는 진동 소리는
생과 사의 진혼곡이다
대지는 숙명을 교육한다

아프리카의 영혼

적도의 뜨거운 태양은
천지를 불태우고 초목을 목마르게 한다
목마른 생명들의 갈증
먹고 먹히는 사바나의 법칙
살기 위해 쫓는 자와
살기 위해 더 빨리 달아나야 하는
동물들의 숙명
모두가 생을 위한 처절함
어둠이 찾아들면 하늘의 별은 쏟아지고
대지는 고요함과 함께 또 다른 전쟁터가 된다
모순 속의 질서
질서는 가난한 생명과 모진 생명들의 혼
아프리카의 눈물이다

소중한 가시

장미엔 가시가 있습니다
억새풀에도 가시가 있고
호박꽃 줄기에도 솜털 가시가 있어
찔리면 아파요

소중한 것엔 가시가 있습니다
아름답기에
소중하기에

함부로 다루지 말고
귀하게 여기라
하늘이 주신 섭리지요
그래서 당신에게 가시가 있는 것입니다

정 1

정이란 굴레는
벗으려 해도 벗겨지지 않아요
정이란
들 때보다 날 때가 더 힘들지요

사랑이란
좋은 사랑 미운 사랑이 없지만
정이란
고운 정 미운 정이 있거든요

정들지 않고 사랑만 하면
만나기도 쉽고 헤어지기도 쉽지요
불장난하다 만 것이니까요

사랑하다 정든 사람이 떠나면
원망이 남아요
사랑 때문에 헤어져야 한다면
사랑은 가져가시고 정은 남겨두세요

미운 정 고운 정 보듬어 안고
그리워하며 살 테니까요

봄비 내리는 소리

비를 기다리는 마음은
무언가 씻어 버리고 싶은 갈증
밤새 뒤척이다 비몽사몽간
변기 뚜껑을 열고 오줌을 싼다

콸콸 콰르르르
오줌 싸는 소리가 시원타
물 내려가는 소리에
막힌 가슴 뻥 뚫린다

버릴 것을 버리면
이리도 시원한데
버리지 못하니
속이 타는 게야

비라도 오면
콸콸 콰르르르
시원해질 텐데

05

행복 나무

목련꽃이 아름답다. 하얀 속살 같은 고운 모습 단정스럽기 그지없다.

'맨 먼저 봄을 맞이하러 나왔구나.'

지난겨울이 너무 추웠다 말한다. 길가에 무리 지어 엎드려 절하는 개나리, 고개 숙여 나를 맞이한다. 하늘하늘 몸매를 바람에 날리며 밝고 화사하게 춤을 춘다. 흥겨운 마음으로 사뿐사뿐 마을로 들어오는데 앞산이 온통 진달래꽃으로 빨갛다. 여인들이 핑크빛 리본을 물고 여기저기서 이야기하는 듯하다.

'내가 봄이로다. 봄을 안고 왔구나.'

많은 사람들의 가슴을 따뜻하게 해주며 어디론가 떠나고 싶은 열망을 느끼게 한다.

'그렇다. 많은 사람들에게 꿈과 희망을 나누어 주자.'

겨울은 지나갔습니다. 춥고 힘겨웠던 시절은 이제 더 이상 없을 거예요. 푸른 산천에 꽃이 피고 새로운 시작을 알리는 계절이 돌아왔습니다.

우리 함께 두 팔을 걷어붙이고 세상을 향해 힘차게 일어나요. 서로서로 격려해주고 칭찬해주는 봄이 됩시다. 움츠러든 어깨를 활짝 펴고 모두 손을 잡아요. 가정에서도 직장에서도 나 자신에게도 영원히 행복할 수 있는 행복나무 씨를 심어 보아요.

5월은 어버이의 계절입니다. 행복나무에 꽃이 피면 한 송이 따서 어버이 가슴에 달아드리고 싶습니다. 어버이는 제 가슴속에 영원히 계시기에 제 가슴에 달았습니다.

정성

매일 아침 정화수 떠놓고
기도합니다
가슴에 소원 하나 묻어 놓고
기도해요

시험에 합격하게 해달라고
당선되게 해달라고
금덩어리 떨어지게 해달라고

지성이면 감천
언젠가는 모두의 소원
이루어지겠지요

내 소원은
어린아이처럼 밝게 웃는 거예요
아무런 두려움 근심 걱정 없이
어린아이처럼 해맑게 사는 거예요

순록

사슴은 목이 길어 슬픈 게 아니라
뿔이 길어 슬픈 거예요
자기 몸통 길이만 한
커다란 뿔을 머리에 달고 살지요

힘든 굴레를 벗으려 하지 않고
모든 영양분을 모아
뿔로 보냅니다

너무 버거울 땐
딱딱한 녹각으로 만들어
저절로 떨어지게 하는 자연의 섭리

사람에게도 뿔이 있습니다
화가 날 땐 머리에서 뿔이 나고요
못된 짓을 할 땐 엉덩이에서 뿔이 나지요

쇠뿔도 단김에 뽑아야 하듯
그럴 땐 몽둥이가 약입니다
뿔이 미워 가끔 매를 드신다면
사랑의 매를 들어주세요

미운 뿔이 아니라 예쁜 뿔이면
그냥 사랑으로 어루만져 주세요
업이라 생각하시고
사랑으로 보듬어 안아주세요

노란 손수건

창문을 열고
노란 손수건을 걸어 주세요
한눈에 알아볼 수 있도록
노란 손수건을 걸어 주세요

험난한 전쟁터에서
사력을 다해 싸웠습니다
그대를 향한 열망의 혼으로
싸워서 살아남았습니다

강탈자의 말발굽은 선량한 농토를
무참히 짓밟고 갔습니다
힘을 가진 전사들이
전리품 몇 개에 눈이 어두워
명분 없는 명분을 만들었습니다

죽음을 각오한 전투에서
살아야 한다는 강한 의지는
그대가 곁에 있기 때문입니다

이제 폭풍은 지나가고
잔잔한 봄바람이 불어요
산과 들에 개나리가 노오랗게 피었어요
꽃들의 물로 상처의 피를 닦았습니다

악산을 내려오며 외칩니다
새로운 세상을 만들겠노라고
그대와 함께 새 집을 짓겠노라고
노오란 손수건에 약속하렵니다

맞아야 정신 차리지

물고기는 무슨 생각을 할까
먹고 놀고 번식하고 숨는 것
적에게 노출되지 않게
위장하는 본능이 있다

짐승은 무슨 생각을 할까
먹고 놀고 번식하고
맹수에 잡히지 않으려 달아나는 것
역시 본능이다

인간은 무슨 생각을 할까
먹고 놀고 자손을 퍼트리고
숨는 위장 대신
숨기는 위선이 있다

살아 움직이는 모든 것에는
위장과 위선의 본능이 있다
그것을 구별할 줄 모르는 사람은
살아 있어도 산 목숨이 아니다

구별할 줄 알면서 안 하는 사람은
맞아야 정신 차린다
그래서 사람들은
스스로 머리를 쥐어박는다

여명의 목소리

조용한 아침
어둠이 걷히기 시작하면
여명과 함께 얼굴을 내미는 붉은 대지
하얀 속살이 점점 투명해진다

안 보이던 것이 보이면
샘솟는 용기
이곳저곳 호기심이 동한다

막연한 그리움과
눈앞에 보이는 그리움
선택의 기로에
발길을 막는 또 다른 자아

중천에 해가 뜨면
매의 눈을 가진 사람들이
이곳저곳 너를 감시한다

보다 겸손하고 보다 조심하며
사려 깊은 행동으로
본능을 숨겨라
여명의 뒤편엔
소리 없는 아우성이 있다

06

아지 한 손

이국의 향취가 물씬 묻어나는 곳. 사방이 뻥 뚫려 어느 곳이든 자연을 맘껏 느낄 수 있는 섬이 제주도다.

모처럼 휴가를 내어 제주도 여행을 갔다. 방학을 맞은 아들과 함께 조용한 시간을 갖기 위해서다. 늦둥이라 그런지 그 녀석을 볼 적마다 마음이 짠하다. 나도 역시 어렸을 적 아버지께서 늦둥이를 보셨다며 내 걱정을 많이 하시던 기억이 난다.

전통시장을 한번 가보고 싶었다. 거기 가면 옛 물건들이 많이 있을 것이다. 내가 자랄 때 보던 물건들을 아들에게 보여주며 함께 시간 여행을 하고 싶었다. 옥돔을 말려 파는 가게 옆을 지나는데 허름하고 작은 생선가게가 눈에 띄었다. 아니, 좌판에 있는 생선에 시선이 멈췄다. 그것은 아지*였다.

"아니, 아지가 여기 있다니……. 어렸을 적 아버지가 아지를 그렇게 좋아하셨는데……. 먹을 것이 귀했기에 아지같이 귀한 생선은 일 년에 한두 번 먹을까 말까 했는데……. 어느 날은 아지가 너무 먹고 싶어 몰래 아버지 것을 다 먹어 치운 후 어머니한테 혼쭐 난 적도 있었는데……."

나도 모르게 아들에게 중얼중얼 이야기하고 있었다.

생선가게 아주머니가 틀어놓은 라디오의 구성진 옛 노랫가락에 그만 목이 메어 눈물이 왈칵 쏟아졌다. 나는 더 이상 아무 말도 할 수 없었다. 그때 아내가 말했다.

"아지 한 손 주세요."

내 모습을 본 모양이다. 아지 한 손 싸 들고 돌아오는 길에 아무 말 없이 아들과 아내가 내 손을 잡았다. 아지는 내게 아주 귀한 선물이며 추억이고 그리움이다. 작은 것에 행복을 느끼던 그 시절이 그립다.

＊아지 : 전갱이.

수수께끼

하나 더하기 하나가 둘이 아닌
셋이 되는 법칙
묘한 세상의 법칙

셋 중에 하나를 나누면
둘이 아니라 열이 되는 법칙
이 수수께끼를
사람들은 평생 풀지 못하지요

나눌수록 더 커지는 묘법은
득실을 따지지 않고
무조건 베푸는 사랑입니다

운명과 숙명

시간이라는 목마는
한 바퀴 도는 데 하루가 걸린다
작게 돌면 하루
크게 돌면 삼백예순다섯 날

목마를 타고 수천 바퀴 돌며
시간 여행한다
오르락내리락
거친 숨 몰아쉬며
수없이 돌았다

함께 시간 여행하는 사람
몇이나 될까
처음부터 함께한 사람
중간에 내린 사람
도중에 합류한 사람

12마리의 목마 위엔
십이간지의 인연들이 있다
그 속에 사랑도 있고
배움도 있고
의리도 있다

삶이 고단코 아프다 하여
원점으로 돌아가 쉬려는가
원점이란 한 번 떠난 화살처럼
거슬러 돌아갈 수 없다
모든 것은 변하는 것
세월도 젊음도 운명도
모두 그렇게 변한다
현재 보이는 것이 자신이고
행하는 것이 나의 삶이다

앞에서 날아오는 돌은 피할 수 있다
운명이니까
뒤에서 날아오는 돌은 피할 수 없다
숙명이기에

운명과 숙명
모두가 우리들의 삶이다

인내

인내를 아십니까
참는다는 뜻만은 아닙니다
기다린다는 뜻만도 아닙니다

높은 곳에서 낮은 곳으로 흐르며
모든 틈새를 메우는 물의 섭리
스스로 승화되어
비어 있는 것을 채우는 자연의 가르침

미움과 원망이 사그라지고
성급하여 일을 그르치지 않게 하고
커다란 오해도 저절로 풀어지게 하는

인내는
자신을 성숙하게 하는
마음의 보약입니다

나의 여로

그대를 사랑한다 하여
재를 넘었습니다

오솔길 굽이굽이 멀기도 하였지만
님 향한 애절함에
어찌 멀다 하겠나이까

산 너머 재 너머
님이 있다 하기에
해 저무는지도 모르고 찾아갔습니다

돌부리에 넘어져
무릎에서 피가 나도
아픈 줄 몰랐습니다

두 번 다시 그 길을
나처럼 미련하게 걸을 사람은
없을 것입니다

어느 날
내가 걸어왔던 그 길을 바라보며
고뇌하는 내 모습을 보았습니다

나에게 다시 젊음이 주어진다면
똑같이 이 길을 걸을 것인가
다른 길을 택할 것인가
하지만 분명한 것은
어떤 길을 걷든
그 길이 바로 나의 여로입니다

정 2

눈에 보이지 않아
만질 수도 없다
제멋대로 들락날락해도
아무도 본 사람 없다

한번 들면
절대 버리지 못하는
정

모든 사람들이 말한다
미운 정 고운 정
정 때문이라고

가슴속에 꼬오옥 품고
버리려 하지 않으니
도대체 그 힘의 원천은 무엇인가

07

인재

하나를 가르쳐 주면 둘도 알고 열도 아는 사람, 하나만 아는 사람, 하나도 모르는 사람….

사람은 각양각색이다. 모든 것을 다 잘할 수는 없다. 그러나 진정한 인재(人材)는 모르는 것은 배우려 하고 응용, 발전시켜 능력을 발휘하는 사람이다. 그러나 자신이 무엇을 모르는지조차 모르는 사람은 발전이 없다.

나는 처음부터 모든 것을 잘 알고 능력을 발휘하는 사람보다는 몰라도 알려고 노력하고 배워서 열을 응용할 줄 아는 인재를 좋아한다.

요즘은 인재가 참 귀하다.

세상이 온통 어지럽다. 여기저기서 사고가 터진다. 일어나지 않아야 할 사고들이 자꾸 생긴다. 사람들은 그것을 인재(人災)라 한다. 이러한 사고가 발생하는 이유는 준비하고 체크하고 시정하여 사고를 미리 예방하려는 책임 있는 사람들이 부족하기 때문이다. 보이지 않는 곳에서 묵묵히 일하며 맡은 바 소임을 충실히 하는 사람. 그들에게 긍지를 느끼게 해주는 시스템이 절실하다.

소망

나에게 소망 하나 있지
지나온 세월 아쉬움 많아
남은 생을 더 잘 살고자 하는 마음

몸이 아프면 몸을 치유하고
기가 막히면 기를 뚫고
가슴에 맺힌 응어리 적이 되면 적을 푸는

풀고 치유하며
막힌 것을 뚫어 잘 흐르게 해주는
진정한 약이 되고파라

모든 것을 물 흐르듯
잘 흐르게 하는 의인이 되고파라

잊으셨나요

작열하는 태양 아래
천지를 뒤흔드는 굉음
공포와 두려움에 떨던
암흑의 시절

삶의 터전은
죽음의 전쟁터가 되었다
포성이 지나간 자리는
주검들의 군무

산 자와 죽은 자의 절규는
모두 땅속에 묻혔다
한차례 소나기 지나가면
시뻘건 선혈이 강을 이룬다

세월이 흘러 그날이 와도
대지는 말이 없다
모든 것을 가슴에 묻었기에

침묵 속
부지런한 자에게는 삶을 주고
문명과 평화를 주었다

그러나
우리는 잊고 있다
오만과 독선이 불러일으킨
우리들의 과거를

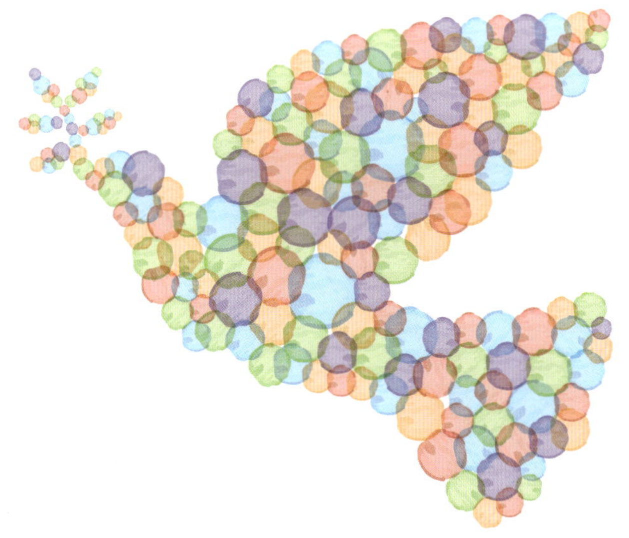

장미

붉은 꽃 장미
몇 겹으로 걸친 캉캉 치마
치맛결이 곱다

장미엔 가시가 매력
함부로 할 수 없는 기풍이기에
한 송이만으로도 사랑을 전하네

매혹의 향기는 마법을 실어
여인의 마음을 취하게 하지

장미꽃 백송이 그대에게 보내니
백 가지 나의 흠
그대 사랑 더하여
나의 허물 덮어주구려

하얀 천사

하얀 날개가 아름다워요
고이 접어 옷섶에 숨기니
천사인 줄 모르네

그대 펼친 손길은
아무나 할 수 있는 일이 아니죠
서러운 일 가슴에 묻고 사랑으로 불태우니
시커먼 숯덩이 되었네

남들은 몰라요
가슴속 숨겨진 아픔을
남몰래 흐르는 눈물은 성수 되어
생명의 꽃을 피웁니다

병들어 고통 받는 이들에게
천사의 날갯짓으로 절망에서 희망을 심는
그대는 정녕 하얀 천사
나의 사랑 나이팅게일

나는 당신의 갑옷입니다

나는 당신의 갑옷입니다
험난한 세상에서 창과 화살이 당신을 해치려 할 때
갑옷이 되어 당신을 보호할 것입니다
엄동설한 폭풍우 속에서
헐벗고 추위에 떨고 있을 때
품 속에 끌어안고 언 몸을 녹일 것입니다
이제는 고생의 늪에서 헤어나 행복해야 합니다
지나온 길은 타인을 위한 길이었습니다
당신의 영혼에
오직 그대를 위한 멜로디가 흘러야 합니다
몸도 마음도 더 이상 상처받아서는 안 됩니다
나는 당신의 숲을 지키는 파수꾼이 될 것입니다
숲이 변하여 고목이 될 때까지

08

비 맞지 않고 크는 나무는 없다

세상을 살다 보면 누구나 한 번쯤은 시련을 겪는다. 사업에 실패하기도 하고, 믿었던 친구에게 배신당하기도 하고, 억울한 누명을 쓰기도 하고, 작은 행동이 부풀려져서 파렴치한으로 몰리기도 한다. 시련이 다가오면 누구나 힘들고 괴로운 시기를 보낸다. 그런데 이 시기를 어떻게 슬기롭게 보내느냐에 따라서 인생의 성패가 갈린다. 억울함이나 분함을 참지 못하고 세상과 등을 돌려버릴 경우 정상적인 삶에서 멀어지게 된다. 가장 좋은 방법은 지금까지 해 왔던 대로 묵묵히 자신의 일을 하는 것이다. 세월은 현명한 해결사여서 얼마간의 시간이 지나면 모든 걸 해결해 준다.

고난은 신이 인간에게 주는 선물이다. 인간은 고난을 극복하는 과정에서 단련되고, 참된 인생에 대해서 눈을 뜬다. 불행을 통해서 행복의 의미를 깨닫고, 가난을 통해서 부자의 의미를 깨닫고, 슬픔을 통해서 기쁨의 의미를 깨닫고, 좌절을 통해서 희망의 의미를 깨닫는다.

신은 단지 '시련'이라는 정체를 알 수 없는 탕약을 한 제 내렸을 뿐이다. 부정 마인드를 지닌 사람은 독약이라고 해석하는 반면, 긍정 마인드를 지닌 사람은 보약이라고 해석한다. 명의는 '독'을 제대로 다스리는 사람이듯, 성공하는 사람은 '시련'을 다스릴 줄 아는 사람이다. 평상시 세상을 보다 긍정적인 시선으로 바라보는 습관을 기를 필요가 있다.

요즘 세상이 뒤숭숭하다. 좋은 일보다 안 좋은 일들이 뉴스를 점령하니 모두가 우울해진다. 이럴수록 긍정의 힘으로 역경을 이겨내 보자. 그러면 세상은 더욱 아름답게 보일 것이다.

고란초

백제의 혼이더냐 계백의 넋이더냐
바위틈에 끼여
모진 역사를 말하는 고란초
네 앞에 서니 옷깃이 절로 여미어진다

노객은 잠시 머물다 가지만
너는 천 년을 말하는구나
바람결에 흩날리는 너의 절규가
백제의 혼이 되어 허공을 깨우친다

천 년 후에도
당당히 그 자리에 있거라
돌아서는 노객의 가슴엔
뜨거운 용암이 흐른다

보름달

달이 밝으니 주위가 환하다
엊그제는 초승달이었는데
어느새 보름달이 되었네
달이 차면 슬픔이라
조금씩 이지러지기에
버려야 하는 아픔이지

희망과 행복이 깃들 땐 초승달일 때
고난의 시간을 견디면
좀 더 나아지게 되고
매일 더 채워진다는 희망이 있지
역경 속에서 행복을 느끼는 아이러니
행복은 초승달에서 보름달까지다

수박화채

칼 대기도 전에 쩍 갈라지는 소리
참 잘 익은 수박
썰기도 전에 입안에 침이 돈다

깍두기처럼 조각내어
양푼에 넣고 얼음 반 물 반
얼음 구르는 소리
등까지 서늘하다

무더위엔 그저 윗도리 훌렁 벗고
반바지에 선풍기 돌리고
수박화채 한 그릇
내 집이 무릉도원이네

손

놓은 손 잡으려니 두려운가
한 번 놓은 손 다시 잡을 땐
용기가 필요하지

잡고 놓고 하며 세월만 보내면
남는 게 무어 있겠나
미운 정 고운 정 새기며 그렇게 사는 게지

내 맘 같지 않은 게 인생이야
그래도 손 내밀어 잡을 수만 있다면
꼭 잡고 놓지 말게나

벼랑 끝에 떨어져
구사일생 잡은 나뭇가지처럼
절대 그 손 놓지 말게나

프라하의 밤

이국의 그리움이 내 가슴을 촉촉이 적신다
모두가 가고 싶어하는 곳
프라하의 다리 위엔 낭만이 있고 로맨스가 있다

만나는 사람끼리 뜨거운 포옹을 하고
석양의 붉은 띠 길게 드리워지면
연인들은 깊은 키스를 나눈다

거리낌 없이 사랑을 불태우는 곳
오늘 밤 그곳에 가고 싶다
저만치 걸어오는 여인을 기다리며

09

화를 다스리는 자,
행복을 얻는다

"아! 완전 열 받아!"

얼마 전 식당에서 밥을 먹다가 이십 대 청년이 핸드폰을 들고 버럭 소리를 지르는 바람에 깜짝 놀란 적이 있다. 세상이 각박해져서인지 화를 다스리지 못하는 사람들이 점점 늘어가고 있다.

중국 명나라 때 명의인 장개빈(張介賓)이 『경악전서』에서 '화증(火證)'이라는 말을 처음 사용하였다. 한방에서는 '화병' 또는 '울화병'이라고 한다. 예로부터 '두한족열'이라고 해서 머리는 차게 하고 발은 따뜻하게 하는 게 건강에 이롭다고 했다.

요즘 화가 나고 우울하게 만드는 뉴스가 넘친다. 가뜩이나 더운 열대야로 고생하는데 화가 나서 잠을 편히 못 이루는 사람들이 많은 것 같다.

나는 화가 나면 기분을 전환시키기 위해서 웃음거리를 찾거나 해학적인 시를 쓴다. 한 편의 시를 완성하기 위해서 적절한 문구를 찾다 보면 치솟던 불길이 가라앉곤 한다.

화가 날 때는 억지로라도 웃으려고 노력할 필요가 있다. 결국 웃는 사람은 약해 보이지만 강자이고, 화내는 사람은 강해 보이지만 약자이다. 이런 화를 잘 다스릴 때 나의 건강도 행복도 지켜낼 수 있다. 요즘 같은 시기에 꼭 하고 싶은 말이다.

솔개

푸른 창공을 날며
꿈을 쫓는 솔개
또 다른 세상을 위해
변신하려 하네

무뎌진 발톱을 뽑고
부리를 깨며
다시 태어나려는 몸부림
운명을 개척하네

사람들은
변화를 싫어하고
익숙한 대로 살며
운명 타령만 하네

삶의 흔적

광야를 뒤흔드는 굉음
하늘을 덮는 모래폭풍
민족의 대이동인가
부족간의 전쟁인가

말발굽 소리 잦아드니
모래폭풍도 멎는다
전쟁과 평화
평화와 전쟁

삶이란
잠시 머물다 사라지는 거품
남는 것은 역사다

정 3

추워도 얼어 죽지 않고
가물어도 말라 죽지 않고
비가 오나 눈이 오나
사시사철 푸른 것

한 번 들면
떼려 해도 떨어지지 않고
오래 묵을수록 향기가 짙은
정

사랑이 식을 때는
모진 정도 달아난다
정은
사랑을 먹고 산다

피맛골

앞산이 온통 붉게 물들었네
진달래 영산홍 산허리 붉으니
아낙네 속적삼 붉은 치마 두른 듯하네
산허리는 붉은데 하늘만 푸르구나

팔월의 함성
만세 만세 대한독립 만세
태극기 피로 얼룩져
산과 들에 붉은 피로 꽃을 피웠네

저 산은 알고 있지
여인이 머리 풀고
속적삼에 붉은 치마 걸친 까닭을
마을 사람들은 말하지
그 고개가 피맛골이라고

혹

혹이 났다
여기저기 혹하고 다니다
머리에 뿔이 난 게다
더 이상 현혹되지 말라고
자신에게 매를 든 게다

처음부터 혹 달고 사는 사람
혹 떼러 갔다 혹 붙여 오는 사람
쇠뿔은 단김에 빼야 한다
꽃사슴 뿔 자르듯 혹을 뗐다
몸도 마음도 시원하다

궁금하다
또 혹할런지

10

지나친 관심은 모자람만 못하다

지인에게 귀한 품종의 난초를 선물 받았다. 난초는 정성을 들이는 만큼 잘 자란다고 해서 그동안 자식 키우듯 온갖 공을 들였다. 나의 마음을 아는지 난초는 올봄에 믿기 어려울 만큼 기품 있는 꽃을 피웠다. 기특하기도 하고, 사랑스럽기도 해서 더욱 공을 들였더니 얼마 전부터 이파리가 시들더니 오늘은 아예 허리가 꺾였다. 분갈이를 해 줘야 하는 게 아닌가 싶어서 조심스럽게 뿌리를 파보았다. 안타깝게도 뿌리가 썩어 있었다. 매일 아끼고 쓰다듬으며 사랑하는 마음을 주체할 수 없어서, 건강하게 잘 자라주기를 기원하며 물을 자주 주었는데 너무 많이 주었나 보다. 속이 상했다.

생명을 잃고 시들어버린 난초를 바라보고 있으니 귀하고 소중한 것일수록 절제된 사랑을 주어야 한다는 진리를 깨달았다. 아이가 귀엽다고 응석받이로 키우면 버릇 없는 아이가 된다. 지나친 관심으로 자식들을 귀찮게 하면 부모와의 사이가 점점 멀어지는 것과 같다. 요즘 어린아이들을 키우는 학부모들을 보면 심정은 이해가 가지만, 바람직하지 못한 경우들이 많은 것 같다. 가까운 사람들과 오래 같이 함께 하고 싶다면, 진정으로 그 사람을 올바른 길로 인도하길 원한다면 절제된 사랑이 필요하지 않을까.

지나친 관심은 모자람만 못하다.

당연을 거부하는 마음

내가 잠시 쉬어감은
머무르고 싶은 마음에서뿐일까
기다린다는 것은
오늘의 일을 부록으로 실리고
당연을 거부해본다
내 잠시 쉬어가는 이곳에
나의 인생은 다시 꽃피우리니
나는 영원한 삶의 보금자리로
그리고 꿈을 잃었던 현실에서
다시 한 번 거부해본다
당연을

* 입신(立身)에 쓴 시.

업

배 속에 숨겨진 실타래
토해도 소용없네
헛구역질만 난다
어쩌다 한 올 올라오면
그놈 잡고 안간힘 쓴다

한 놈 빼내니
또 한 놈 올라오고
여러 놈이 뱀처럼
똬리 틀고 저항한다

그래 함께 살자
나를 아프게 했던 사람
슬프게 했던 사람
업이 되어 깊은 곳에 묻혔구나
감고 풀고 달래며 함께 살자

공허 그리고 명상

공허함은
비움 속에 허전함이요
명상은
고요함 속에 편안함이다

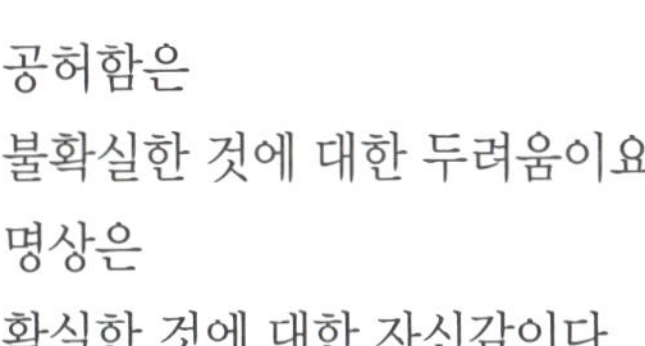

공허함은
불확실한 것에 대한 두려움이요
명상은
확실한 것에 대한 자신감이다

공허함은
채워도 채워도 비어 있는 것이고
명상은
채우지 않아도 저절로 가득한 것이다

가야 할 집

이제 밤이 늦었어요
가야 할 집으로 가고 있습니다

내가 가야 할 집은
오늘의 수고와
어제의 힘들었던 마음과
내일의 두려움을 함께 묻어
쉬게 하는 곳

언제나 그러하듯
비에 젖은 속옷처럼
몸과 마음 편치 않을 때
모든 것을 용서하고 기다려주는 곳
그곳이 나의 가야 할 집입니다

그래요

그래요
그렇게 사는 거예요
우리 박수 치며 그렇게 살아요
당신의 박수 소리가 나약해지면
내가 힘 있게 치겠습니다
내 박수 소리가 슬퍼지면
당신이 힘 있게 쳐주세요
우리 그렇게 사는 거예요
뒤는 돌아보지 말고
앞만 보고 가요
우리들의 찬란한 미래를 향해
그렇게 박수 치며 살아요

11

약이 되는 사람

작년 12월부터 지금까지 한의학을 세계에 알리느라 비행기를 21번 탔다. 이번 주말에 몽골을 다녀오면 23번 비행기를 탄다. 한 해에만 지구를 몇 바퀴 돌았다. 가장 힘든 것은 시차가 적응되기도 전에 또다시 여행하게 되어 시차로 고생을 한다는 사실.

몸도 마음도 지쳐 있을 때 누군가 내게 힘이 되어준다면…. 모든 것을 포기하고 싶을 때 용기를 불러일으켜주는 사람이 있다면 얼마나 좋을까? 여독으로 몸살이 나서 누워 쉬고 싶을 때 약이 되는 사람. 그런 사람이 있다면 아무리 힘들어도 아프지 않을 것이다.

'누구를 위하여 종을 울리나?' 라는 명제가 있을 때, '너 자신을 위해 종을 울려라.' 라고 해주는 사람이 있다면 힘이 날 것 같다. 내가 힘들 때 도움의 손길이 그립듯이 다른 사람들도 그런 손길을 그리워할 것이다. 누군가 이런 사람을 간절히 원한다면 내가 그 사람에게 약이 되는 사람이 되고 싶다.

약이 되는 사람

넘어졌을 때
손잡아 일으켜주는 사람

손 놓고 있을 때
나무라며 달리게 하는 사람

기쁠 때
박수 쳐주는 사람

아플 때
약이 되는 사람

당신은 그런 사람입니다

낙엽

수고하셨습니다
온몸 던져 일하며
열매로 결실을 맺고
곱게 물들어 세상을 아름답게 하는
낙엽은 어머님

비바람 맞고 벌레에 뜯겨도
한 잎 한 잎
정성을 쏟는 것은
햇볕을 모으는 일

언제나 태양을 향해
해맑게 웃으시는 어머님
낙엽 되어
또 거름이 되었습니다

소식

궁금하다
올 듯 말 듯한 소식
오래 기다렸다

가뭄에 논바닥 갈라지듯
거북이 등 껍데기 터지듯
입술 트고 애간장 탄다

마른하늘에 비 오랴
구름 끼면 축축해지겠지
천 년 묵은 연꽃 씨도
싹 틀 날이 있더라

기우제를 지내면
반드시 비는 내리는 법
아직 피지 못한 것은
때가 아닌 게야

당신의 얼굴

새벽 동틀 때
햇볕에 반짝이는 물방울
너무 아름다워요

추운 겨울 얼어붙은 땅
헤집고 피어나는 봄의 새싹
너무 곱지요

한 손에 사탕 들고
기뻐하는 아이
너무 예쁘지요

당신의 눈망울은 새벽이슬
눈가의 잔주름은 봄의 새싹
수줍은 미소는 어린아이 같아요

세상에서 가장 아름다운 것
모두 당신에게 있습니다

흙손

미장이 손에 흙손이 쥐어졌다
시멘트를 개어 벽에 바르니
흙손 지나간 자리
곱다

벽에 뿌려진 거친 시멘트
흙손 지날 때마다
곱게 다듬어진다

흙손을 떨어뜨렸다
귀퉁이가 찌그러진 흙손
지날 때마다
흠집이 생긴다

바르고 고쳐 발라도
생기는 흠집
아름다움을 만드는 흙손과
흠집만 내는 흙손

거울 앞에 서서
자신을 바라본다

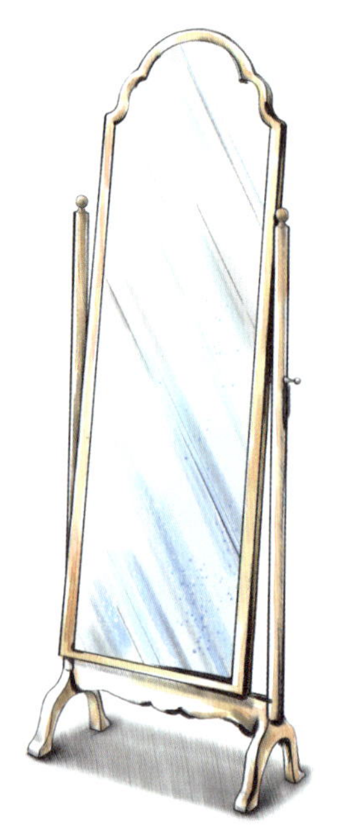

12

명상

『동의보감』에 보면 '고치법'이라는 양생법이 있다. 아침에 일어나서 가부좌를 틀고 앉아 눈을 감고 치아를 서른여섯 번 부딪히고, 혀로써 입 안을 서른여섯 번 굴려 침이 모이면 삼키는 것이다. 양생법이란 사람이 건강하기 위하여 먹고 자고 활동하고 생각하는 것을 우주의 법칙에 맞추어 응용하게 되면 무병장수 할 수 있다는 이론이다.

피와 땀과 진액이라고 하는 호르몬과 침 등은 우리 몸에 매우 소중한 것이기에 함부로 버려서는 안 된다. 적당하게 생성하고 배설을 해야 한다. 이런 것을 조절하는 것이 마음자리다. 그래서, 마음자리를 잘 닦아야 한다. 마음자리를 닦는 방법 중에 하나가 명상이다.

한 해를 마감하면서 잠시 눈을 감고 명상을 한다. 열심히 일하며 땀을 흘렸는가, 나 자신과 남을 위하여 피와 살이 되는 소중한 일을 했는가, 함부로 침을 뱉어 다른 사람에게 상처를 준 적은 없는가.

12월은 모든 것을 갈무리하는 계절, 더 큰 행복을 위하여 잠시 재충전하는 계절이다. 나 스스로도 갈무리를 잘 하고 숙성시켜 새해에는 그동안 명상 속에서 키워온 꿈을 펼칠 것이다. 푸르름과 함께!

야속한 사람

마음이 허전하고 속상해
속으로 울고 있는데
아무것도 모르고 즐거워하는 사람

힘들 땐 몰라주고
편안할 땐
어디 힘든 곳 없느냐고 물어보는 사람

필요할 땐 곁에 없고
자신이 아쉬울 땐
꼭 나타나는 사람

남의 일은 지나치게 챙기면서
약 오르게 해놓고
괜찮냐고 물어보는 사람
당신은 야속한 사람

단풍

푸른 산 붉게 물드니
나뭇잎 단장하고 시집갈 준비하네
수없이 산을 오르내렸어도
이렇게 고운 단풍은 본 적이 없다

아름다움은 예나제나 변함이 없건만
여지껏 느끼지 못한 것은
삶이 무거워 마음을 닫고 살았단 뜻이지

볼 것 먹을 것 입을 것 다하고 살면
성공 못 할까 봐
앞만 보고 달려온 거야

그래서 성공을 잡았지
절대 놓지 않으려 꼬옥 쥐고 있다
어느 날 그 녀석을 보았어

손바닥에 보이는 작은 거울 하나
자세히 들여다보니
짧은 인생과 긴 세월이 보이네
곱게 물든 단풍도 보이네

잣대

님이 가진 잣대는 쇠줄 잣대
한 치의 오차도 없이 정확합니다
무더운 여름에도 추운 겨울에도
당신의 잣대는 정확합니다

옳고 그름을 분명히 구별하지요
비록 자신이 손해를 본다 해도
님의 쇠줄 잣대는 변함이 없습니다

내가 사용하는 잣대는 고무줄 잣대
내게 이익이 있을 땐 늘어나구요
없을 땐 줄어들지요

남의 행동은 그르게 보이고
내 행동은 옳게 보여요
내 안에 고무줄 잣대가 있기 때문이지요

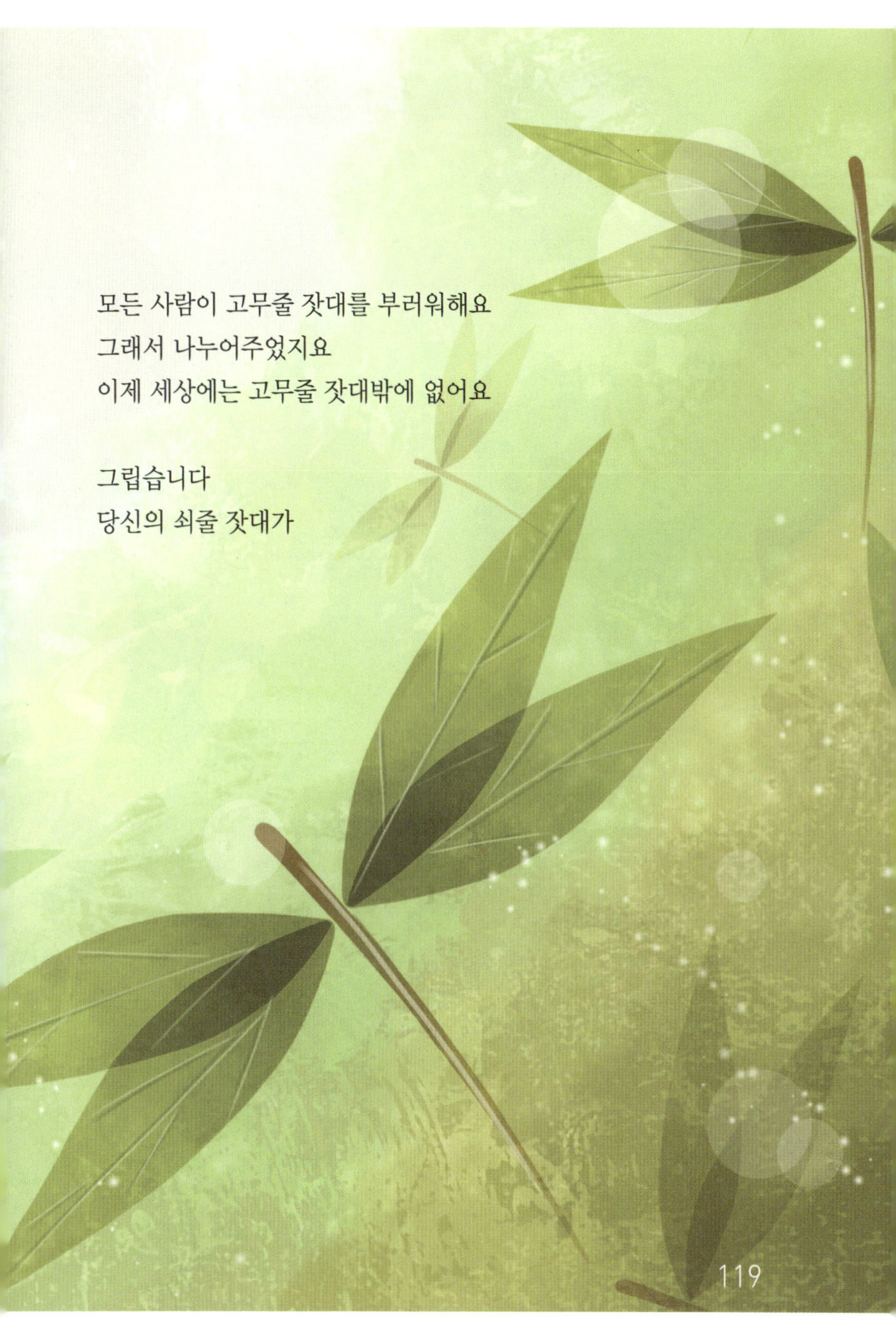

모든 사람이 고무줄 잣대를 부러워해요
그래서 나누어주었지요
이제 세상에는 고무줄 잣대밖에 없어요

그립습니다
당신의 쇠줄 잣대가

꽃게

소중한 분이 보낸
소중한 선물

마디마디 정성이 들어
입안 가득 감미로워요

이렇게 구수하고 달콤한 까닭은
꽃게 맛이 아닙니다

언제나 밝은 미소로
모든 이를 행복하게 하는
님의 따뜻한 손맛입니다

포세이돈

당신이 쏘아 보낸
큐피드의 화살은 내 심장을 정확히 맞추었소
내게 사랑의 바이러스를 심었으니
나는 열병으로 사경을 헤매네

사느냐 죽느냐는 오직 그대 손에 달렸으니
단숨에 내게로 달려와
당신의 뜨거운 입술로
내게 생명을 주오

거센 폭풍의 힘으로 바다를 뒤엎는
위대한 포세이돈은
바다의 여신을 사모하여
기꺼이 가슴을 열었소

영원히 식지 않는 욕망은
땅을 흔들고 용암을 분출하네
포세이돈은 잠들지 않는다
기다릴 뿐이다

| 해설 |

순수와 사랑의 스펙트럼에 비추어진 창(窓)

— 신준식 시집『맺고 풀고 하니 사랑이더라』해설

김전(평론가 · 시인)

진정한 명의는 환자의 내면세계를 진단하여 정신적 치료까지 할 수 있어야 한다. 신준식 시인은 명의 중에 명의로 꼽히고 있다. 그의 시에서는 사랑까지 녹아 있어 더욱 믿음이 간다.

바쁜 가운데도 많은 시를 발표하는 것을 볼 때 그의 삶은 보람되고 행복한 삶을 살고 있다고 말할 수 있다

미국의 소설가 에드나 페버(Edna Ferber)는 "인생은 글쓰기를 사랑하는 자를 결코 좌절시킬 수 없고, 글을 쓴다는 것은 죽을 때까지 지혜의 연인으로 두는 일이다."라고 말한 바 있다.

시는 진솔한 언어로 독자들의 공감을 얻어낼 때 좋은 시라고 말할 수 있다. 신준식 시인은 주로 체험을 통해서 시를 창작하고 있기 때문에 진솔한 시어가 생동감 있게 다가온다.

1. 사랑의 손길로 빚어진 시

그리움은 사랑이다. 사랑보다 더 큰 힘은 없다. 여기에서 진정한 사랑을 맛볼 수 있다.

배가 아플 땐
어머니 손이 약손
쓱쓱 내려가라
우리 애기 배는 똥배요
엄마 손은 약손

그래도 배가 아파 보채면
엄마는 빨간 약을 발라 주셨지

딸아이가 아파하기에
쓱쓱 내려가라
우리 애기 배는 똥배요
엄마 손은 약손

딸아이가 말한다
내 배가 왜 똥배야

빨간 약을 발라주었다
배 아픈데 왜 빨간 약이야
엄마는 알지도 못하면서 아무거나 다 약이래

신경을 썼더니 내 배가 아프다
엄마 손이 그립다

—「약손」 전문

어렸을 때 누구나 한 번쯤은 경험했을 것이다. 약손은 어머니의 사랑이 묻어 있는 손을 말한다. 체험에서 이루어진 시는 독자들에게 새로운 감동을 불러일으키고 있다.

진정한 사랑은 사물을 바르게 보이게 할 뿐 아니라 아름답게도 만든다.

당신의 눈이 촉촉해요
사랑으로 가득 찬 눈
언제부터인지
조금씩 당신을 알게 되었어요
예전에는 몰랐거든요

당신은 보이지 않는 사랑과
소리 없는 헌신을 주었지요
그땐 정말 몰랐어요
다른 데 정신이 팔렸거든요

정신 차리고 보니
다 소용 없었어요

촉촉한 당신의 눈만이
애처롭게 나를 바라보고 있었지요

무언의 눈빛으로 이야기하곤 했지요
콩깍지 좀 벗으라고
그래서 벗었지요
그러니 당신이 보이네요

—「당신이 보여요」 전문

진정한 사랑은 말이 필요 없다. 눈빛으로 말해도 다 알 수 있기 때문이다.

손익을 따지지 않는 진실한 사랑을 말하고 있다. 화자의 마음이 따뜻하여 독자에게까지 전이되고 있다. 각행 끝 부분 '요'와 각 연이 4행으로 이루어져 리듬을 형성하고 있기 때문에 시의 효과를 극대화하고 있다.

사랑은 고뇌에서 오기도 한다. 고뇌의 사랑 시를 살펴보자.

그대를 사랑한다 하여
재를 넘었습니다

오솔길 굽이굽이 멀기도 하였지만
님 향한 애절함에
어찌 멀다 하겠나이까

산 너머 재 너머
님이 있다 하기에
해 저무는지도 모르고 찾아갔습니다

돌부리에 넘어져
무릎에서 피가 나도
아픈 줄 몰랐습니다

두 번 다시 그 길을
나처럼 미련하게 걸을 사람은
없을 것입니다

어느 날
내가 걸어왔던 그 길을 바라보며
고뇌하는 내 모습을 보았습니다

나에게 다시 젊음이 주어진다면
똑같이 이 길을 걸을 것인가
다른 길을 택할 것인가
하지만 분명한 것은
어떤 길을 걷든
그 길이 바로 나의 여로입니다

—「나의 여로」 전문

사랑의 길은 멀기도 하지만 희망이 있다. 아무리 힘든 길이라도 끊임없이 헤쳐가는 길, 그것이 사랑의 길이다. 사랑의 힘은 무한의 힘을 갖고 있다.

한 편의 드라마를 보는 듯하다. 이미지가 선명하게 떠오른다.

사랑을 향해 끊임없이 항해하는 길, 그 길이 신준식의 여로이다. 고뇌하면서 살아가는 것도 아름다움이 아닐까?

사랑의 진수를 보이는 것은 희생이다. 여기에서 사랑의 묘약을 찾아보자.

나는 당신의 갑옷입니다
험난한 세상에서 창과 화살이 당신을 해치려 할 때
갑옷이 되어 당신을 보호할 것입니다
엄동설한 폭풍우 속에서
헐벗고 추위에 떨고 있을 때
품 속에 끌어안고 언 몸을 녹일 것입니다
이제는 고생의 늪에서 헤어나 행복해야 합니다
지나온 길은 타인을 위한 길이었습니다
당신의 영혼에
오직 그대를 위한 멜로디가 흘러야 합니다
몸도 마음도 더 이상 상처받아서는 안 됩니다
나는 당신의 숲을 지키는 파수꾼이 될 것입니다
숲이 변하여 고목이 될 때까지

―「나는 당신의 갑옷입니다」 전문

이 시에서 순애보를 읽는 것 같다. 갑옷이 되어 평생을 지켜주는 파수꾼이 되겠다는 시이다.

사랑은 자기 희생이다. 몸과 마음의 파수꾼이 되겠다는 엄숙한 결의는 독자들의 가슴을 섬뜩하게 하고 있다.

그대를 지키기 위한 갑옷은 끝없는 사랑의 절정이다. 이 시는 읽을수록 생각과 의미를 주고 있다. 비유와 함축으로 이루어진 좋은 시이다.

• 백의의 천사를 노래하고 있는 시도 적절한 비유와 상징으로 독자들의 눈을 끌고 있다.

하얀 날개가 아름다워요
고이 접어 옷섶에 숨기니
천사인 줄 모르네

그대 펼친 손길은
아무나 할 수 있는 일이 아니죠
서러운 일 가슴에 묻고 사랑으로 불태우니
시커먼 숯덩이 되었네

남들은 몰라요
가슴속 숨겨진 아픔을
남몰래 흐르는 눈물은 성수 되어
생명의 꽃을 피웁니다

병들어 고통 받는 이들에게
천사의 날갯짓으로 절망에서 희망을 심는
그대는 정녕 하얀 천사
나의 사랑 나이팅게일

—「하얀 천사」 전문

「하얀 천사」에서 간호사들을 비유를 통하여 그들의 사랑을 묘사하고 있다.

병원에서 생명을 구하기 위해 전력투구하는 간호사들의 사랑을 진솔하게 말하고 있다. 1연에서 간호사의 모습, 2연에서 4연까지는 간호사의 헌신적인 사랑을 묘사하고 있다. "천사의 날갯짓으로 절망에서 희망을 심는" 이 구절은 가구(佳句)이다.

또 다른 사랑을 찾아 머나먼 길을 떠나 보자.

당신이 쏘아 보낸
큐피드의 화살은 내 심장을 정확히 맞추었소
내게 사랑의 바이러스를 심었으니
나는 열병으로 사경을 헤매네

사느냐 죽느냐는 오직 그대 손에 달렸으니
단숨에 내게로 달려와
당신의 뜨거운 입술로
내게 생명을 주오

거센 폭풍의 힘으로 바다를 뒤엎는
위대한 포세이돈은
바다의 여신을 사모하여
기꺼이 가슴을 열었소

영원히 식지 않는 욕망은
땅을 흔들고 용암을 분출하네
포세이돈은 잠들지 않는다
기다릴 뿐이다

—「포세이돈」 전문

여기에서도 사랑의 열병을 앓는다. 포세이돈은 그리스 신화에 나오는 지진의 신이고 바다의 신이다. 사랑의 열병을 앓는 그에게 사랑으로 치유하는 장면이 묘사되고 있다. 이 시에서 "욕망" "용암"은 식지 않는 사랑을 상징하고 있다. 이 시에서 사랑의 극치를 보는 것 같다.

다양한 모습으로 다가오는 사랑의 시들은 우리들에게 따뜻한 감동을 주고 있다. 진정 신준식 시인은 가슴이 따뜻한 사람이라고 단정할 수 있겠다.

2. 아름다운 삶에서 발견한 시

아름다움 삶이란 무엇인가? 자기를 비우고 다른 사람의 눈물을 닦아주는 삶이 아닐까?

시인은 아름다운 사회를 만들어가는 사람이라고 본다. 의사가 병든 사람을 고치듯이 시인은 병든 사회를 건강하게 만드는 사람이라고 말할 수 있다.

버리고 비우니 이리 시원한 것을
버리지 못함은
욕심인가 미련인가
비우지 못함은
집착인가 아쉬움인가
버리고 또 버리니 아쉬울 것 없네
비우고 또 비우니 바랄 것도 없네
버릴 것 버리는 것은 당연지사
버리지 못할 것을 버리는 것은 진정한 용기
얽히고설킨 응어리 고름 짜듯 터트리니
아픔도 잠시
새살이 나네
비우니 채울 수 있구나!

—「비우니 채울 수 있구려」 전문

삶에서 보고 찾은 비움의 미학이라고 볼 수 있다. 비우면 이렇게 되살아날 수 있는데 비우지 못하면 무거운 멍에를 지고 갈 수밖에 없다. 법정스님의 『무소유』가 생각난다. 고름 짜는 일이 쉬운 일은 아니다. 그러나 그것을 용기 있게 짜내야만 새살이 돋는

다고 하였다. 생활이 곧 시가 되고 시가 생활인 셈이다.

생활에서 찾은 진리의 시 한 편을 살펴보자.

요행과 다행 속에 널뛰며 살았지
'설마' 라는 놈한테 혼쭐 나서
당연한 것만 찾기로 했지

뿌린 대로 거두는 농사의 법칙
콩 심은 데 콩 나고 팥 심은 데 팥 나면
행운인 것을

만들지도 거두지도 않고
저절로 모이기를 바라는 욕심
투기꾼의 마음이지

다시 시작하는 거야
요행도 다행도 아닌
뿌린 대로 거두는 자연의 법칙으로

—「자연의 법칙」 전문

일상생활에서 우리들은 요행을 기다리며 살아간다. '설마, 잘 되겠지' 라는 요행은 재난을 준다. 그러나 많은 사람들은 저절로 많은 것이 이루어지기를 기다리는 투기꾼의 마음을 갖고 산다.

그러나 농부의 마음은 천심이다. '뿌린 대로 거두리라' 라는 생각을 갖고 열심히 일하기 때문이다. 누구나 알고 있지만 실천하지 않는 이들을 위하여 기도하는 마음으로 쓴 교훈적인 시라고 볼 수 있다.

시간이라는 목마는
한 바퀴 도는 데 하루가 걸린다
작게 돌면 하루
크게 돌면 삼백예순다섯 날

목마를 타고 수천 바퀴 돌며
시간 여행한다
오르락내리락
거친 숨 몰아쉬며
수없이 돌았다

함께 시간 여행하는 사람
몇이나 될까
처음부터 함께한 사람
중간에 내린 사람
도중에 합류한 사람

12마리의 목마 위엔
십이간지의 인연들이 있다
그 속에 사랑도 있고
배움도 있고
의리도 있다

삶이 고단코 아프다 하여
원점으로 돌아가 쉬려는가
원점이란 한 번 떠난 화살처럼
거슬러 돌아갈 수 없다
모든 것은 변하는 것
세월도 젊음도 운명도
모두 그렇게 변한다
현재 보이는 것이 자신이고
행하는 것이 나의 삶이다

앞에서 날아오는 돌은 피할 수 있다
운명이니까
뒤에서 날아오는 돌은 피할 수 없다
숙명이기에

운명과 숙명
모두가 우리들의 삶이다

—「운명과 숙명」 전문

시간의 흐름에 따라 우리들은 숙명처럼 살고 있다. 가기 싫어도 흘러가는 삶의 조감도이다.

자연의 섭리에 따라 늙어갈 수밖에 없다. 우리가 살아가는 것을 여행에 비유하고 있다. 천상병 시인은 이승에 온 것을 소풍놀이라고 「귀천」에서 표현한 바 있다.

세월도 젊음도 시간의 흐름에 따라 변하고 있다. “현재 보이는 것이 자신이고/ 행하는 것이 나의 삶이다” 지나간 시간은 돌아오지 않는 것, 원점은 찾을 수 없다고 하였다. 인생무상이라는 철학적 사유가 담겨져 있다. 스스로 자신을 성찰해 볼 수 있는 계기를 마련하고 있다.

사람은 누구나 갈망하고 싶은 게 있다. 여기에서 신준식 시인의 소망을 들어보자.

나에게 소망 하나 있지
지나온 세월 아쉬움 많아
남은 생을 더 잘 살고자 하는 마음

몸이 아프면 몸을 치유하고
기가 막히면 기를 뚫고
가슴에 맺힌 응어리 적이 되면 적을 푸는

풀고 치유하며
막힌 것을 뚫어 잘 흐르게 해주는
진정한 약이 되고파라

모든 것을 물 흐르듯
잘 흐르게 하는 의인이 되고파라

—「소망」 전문

신준식 시인은 명의 중에 명의이다. 2연에서 몸을 치유하고 기를 뚫고 응어리를 풀고 하는 의인이 되고 싶다고 하였다. 지금도 잘하고 있지만 그것을 소망으로 생각하는 사랑의 시인이다. 이 시의 제목에서 말하는 내용이리라. 따스한 사랑이 녹아 있는 시이다.

3. 추억의 강에서 건져 올린 시

누구에게나 지나간 과거는 아름다운 추억으로 다가온다. 추억을 생각하는 것은 인생을 반추하는 일이기 때문이다. 흘러간 추억을 찾아내는 것은 흘러간 시곗바늘을 되돌려 놓는 것이 된다. 유년의 강으로 들어가 보자.

> 쨍그랑 쨍쨍
> 엿장수 지나간다
>
> 떨어진 고무신이나 머리카락 사요
> 사이다 콜라 맥주 빈 병도 가지고 와요
> 떨어진 과부 속옷도 좋구요
>
> 엿장수 너스레 떠는 소리
> 동네 아이들 모인다

엿 주세요
헌 고무신 한 짝 들고 온 아이

한 짝은 안 돼
양짝 모두 있어야 돼

아저씨 재는 왜 많이 주고
나는 조금 줘유

야 인마
엿장수 맘이야
옛다 더 먹어라

쨍그랑 쨍쨍
엿장수 가위 치는 소리

떨어진 과부 속옷이나 고쟁이도 좋구요
빈 병 머리카락 찢어진 고무신 사요

엿장수 마을 지나면
과부댁 속 터진다

—「엿장수」 전문

우리가 어렸을 때 엿장수를 기다리고 엿장수 가위소리를 들었을 때의 모습이 클로즈업 되어 환하게 떠오른다.

먹을 것이 없던 시절 그 시절이 다시 돌아왔다. 빈병, 헌책, 고철, 삼베옷, 머리카락 등을 주고 엿을 바꿔먹던 시절은 재미있었다.

여기에서 "과부 속옷"은 무엇을 상징할까? 독자들에게 생각할 여백을 두고 있다. 이런 시가 좋은 시라고 볼 수 있다. 마지막 행 "엿장수 마을 지나면/ 과부댁 속 터진다" 해학적이고 작중인물의 심리묘사를 잘 나타내고 있다. 나도 모르게 웃음이 흘러나온다.

추억과 낭만이 흐르는 시를 살펴보자.

이국의 그리움이 내 가슴을 촉촉이 적신다
모두가 가고 싶어하는 곳
프라하의 다리 위엔 낭만이 있고 로맨스가 있다

만나는 사람끼리 뜨거운 포옹을 하고
석양의 붉은 띠 길게 드리워지면
연인들은 깊은 키스를 나눈다

거리낌 없이 사랑을 불태우는 곳
오늘 밤 그곳에 가고 싶다
저만치 걸어오는 여인을 기다리며

—「프라하의 밤」 전문

이 시는 한마디로 낭만의 시다. 3연 3행으로 이루어진 시이다. 프라하는 체코의 수도이며 낭만이 흐르는 도시이다.

1연에서 지나간 추억의 프라하 다리를 그리워하고 있다. 2연에서는 사랑의 몸짓을 사실대로 묘사하였고, 3연에서 여인을 그리워하며 그곳에 대한 그리움을 깔고 있다.

진솔하게 쓴 시는 독자들에게 호응을 받을 수 있다. 눈 감아도 훤하게 떠오르는 프라하의 밤이 선명하게 나타난다.

역사의 추억으로 남을 낙화암 고란초가 말없는 몸짓으로 다가온다.

백제의 혼이더냐 계백의 넋이더냐
바위틈에 끼여
모진 역사를 말하는 고란초
네 앞에 서니 옷깃이 절로 여미어진다

노객은 잠시 머물다 가지만
너는 천 년을 말하는구나
바람결에 흩날리는 너의 절규가
백제의 혼이 되어 허공을 깨우친다

천 년 후에도
당당히 그 자리에 있거라
돌아서는 노객의 가슴엔
뜨거운 용암이 흐른다

—「고란초」 전문

낙화암에는 백제의 슬픈 역사가 있다. 절벽에 붙은 고란초를 보고 상상의 나래를 펴서 "백제의 혼" "계백의 넋"으로까지 확장되어 간다. 은유적인 표현으로 쓴 감성의 시는 읽을수록 감칠맛을 준다. 고란초를 보고 이끌어내는 시적 능력이 돋보인다. 어떤 사물이든지 지나쳐 보지 않고 시적으로 승화시킬 수 있다는 것은 시인으로서의 뛰어난 능력이라고 볼 수 있다.

4. 산문으로 읽혀지는 삶의 내비게이션

신준식의 산문은 탄탄한 구조로 되어 있다. 단락과 단락의 자연스런 연결과 문장 표현에 있어서 묘사력이 예사롭지 않다. 주제가 분명하여 독자들에게 쉽게 이해할 수 있다. 모든 글에는 사랑이 담겨져 있다. 시인의 따스한 정이 글의 행간마다 녹아 있기 때문이리라. 〈따뜻한 손길〉에서 소박하고 서민적인 인간냄새가 난다.

"올 한 해는 서먹했던 지인들에게 뜨거운 군고구마 한 개 나누어 먹으며 구수한 덕담 한마디로 서로의 닫힌 마음을 열고 활짝 웃을 수 있는 한 해가 되기를 바란다."

〈49:51의 법칙〉에서도 사랑이 깃들어 있다. 100만 원이 생긴다면 친구와 반반씩 나누기로 했지만 본인은 49만 원 상대방에겐 51만 원을 주었다. 나는 만원을 덜 받았지만 친구는 2만 원을 받았다고 생각한다. 따라서 친구는 평생 동안 나한테 2배로 감사하게 생각한다는 것이다.

평범한 사실이지만 새로운 발견이 아닐 수 없다.

〈비 맞지 않고 크는 나무는 없다〉에서 많은 것을 느끼게 하고 생각하게 한다.

고난은 인간이 신에게 준 선물이다. 여기에서 시련과 고난을 이길 수 있는 방법을 제시하고 있다.

> 세상을 살다 보면 누구나 한 번쯤은 시련을 겪는다. 사업에 실패하기도 하고, 믿었던 친구에게 배신당하기도 하고, 억울한 누명을 쓰기도 하고, 작은 행동이 부풀려져서 파렴치한으로 몰리기도 한다. 시련이 다가오면 누구나 힘들고 괴로운 시기를 보낸다. 그런데 이 시기를 어떻게 슬기롭게 보내느냐에 따라서 인생의 성패가 갈린다. 억울함이나 분함을 참지 못하고 세상과 등을 돌려버릴 경우 정상적인 삶에서 멀어지게 된다. 가장 좋은 방법은 지금까지 해 왔던 대로 묵묵히 자신의 일을 하는 것이다. 세월은 현명한 해결사여서 얼마간의 시간이 지나면 모든 걸 해결해 준다.
>
> 고난은 신이 인간에게 주는 선물이다. 인간은 고난을 극복하는 과정에서 단련되고, 참된 인생에 대해서 눈을 뜬다. 불행을 통해서 행복의 의미를 깨닫고, 가난을 통해서 부자의 의미를 깨닫고, 슬픔을 통해서 기쁨의 의미를 깨닫고, 좌절을 통해서 희망의 의미를 깨닫는다.
>
> 신은 단지 '시련'이라는 정체를 알 수 없는 탕약을 한 제 내렸을 뿐이다. 부정 마인드를 지닌 사람은 독약이라고 해석하는 반면, 긍정 마인드를 지닌 사람은 보약이라고 해석한다. 명의는

'독' 을 제대로 다스리는 사람이듯, 성공하는 사람은 '시련' 을 다스릴 줄 아는 사람이다. 평상시 세상을 보다 긍정적인 시선으로 바라보는 습관을 기를 필요가 있다.

요즘 세상이 뒤숭숭하다. 좋은 일보다 안 좋은 일들이 뉴스를 점령하니 모두가 우울해진다. 이럴수록 긍정의 힘으로 역경을 이겨내 보자. 그러면 세상은 더욱 아름답게 보일 것이다.

— 〈비 맞지 않고 크는 나무는 없다〉 전문

5. 글을 마치면서

신준식 시집 『맺고 풀고 하니 사랑이더라』에서 많은 것을 느끼게 하였다.

시인은 인간의 내면을 다루는 의사이다. 세상을 내시경으로 들여다보고 병든 사회를 치유하는 사람이다. 그런 의미에서 많은 것을 제시하고 있다.

신준식 시집의 특징을 살펴보면 다음과 같다.

첫째, 한마디로 삶의 문학이다. 경험을 통하여 살펴보고 느낀 점을 새로운 의미로 부여하고 있다.

둘째, 시의 바탕에 깔려 있는 배경은 사랑이다. 시는 시인의 성정(性情)에서 나온다. 작가의 성품이 따스하기 때문이리라.

셋째, 시가 쉽게 읽혀진다. 그렇다고 쉽게 씌어졌다고 말할 수는 없다. 독자들에게 가까이 가기 위하여 시는 쉽게, 짧게 써야 한다는 것은 이 시대가 요구하는 사항이다.

넷째, 신준식의 시는 삶에 대한 내비게이션이라고 말할 수 있다.

신준식 시집에서 인간에 대한 철학적 사유가 들어 있다.

시의 궁극적 목표는 독자에게 감동을 주는 데 있다.

인간들의 내면세계를 진맥하는 신준식의 시인의 시집 『맺고 풀고 하니 사랑이더라』에서 인간의 참 모습을 발견할 수 있을 것이다.

신준식의 시는 '순수와 사랑의 스펙트럼에 비추어진 창(窓)' 이라고 볼 수 있다. 여러 갈래로 뻗어나가는 사랑의 빛이 세상을 따스하게 만들고 있다.

이 창(窓)을 통하여 우리들 자신을 돌아볼 수 있는 계기가 되었으면 한다. 시집 발간을 축하하면서 글을 맺는다.

문학세계대표작가선 739

맺고 풀고 하니 사랑이더라

신준식 시집

발행 1판 1쇄 2015년 3월 3일
1판 2쇄 2015년 3월 10일

지 은 이 : 신준식
펴 낸 이 : 金天雨
펴 낸 곳 : 도서출판 天雨
등 록 : 1992. 2. 15. 제1-1307호
주 소 : 서울시 성동구 무학봉28길 6 금용빌딩 2F(하왕십리동 966-23)
전 화 : 02)2298-7661
팩 스 : 02)2298-7665
http://www.moonhaknet.com
E-mail : chunwo@hanmail.net

값 13,000원

ISBN 978-89-7954-593-7